CONOCE LA CIENCIA ESPACIAL

LAS GALAXIAS

BERT WILBERFORCE
TRADUCIDO POR ALBERTO JIMÉNEZ

Gareth Stevens PUBLISHING

ENCONTEXTO

Please visit our website, www.garethstevens.com. For a free color catalog of all our high-quality books, call toll free 1-800-542-2595 or fax 1-877-542-2596.

Library of Congress Cataloging-in-Publication Data
Names: Wilberforce, Bert, author.
Title: Las galaxias / Bert Wilberforce.
Description: New York : Gareth Stevens Publishing, [2021] | Series: Conoce la ciencia espacial | Includes bibliographical references and index. |
Contents: Our great galaxy! -- What is a galaxy? -- The Milky Way -- Galaxy shapes -- At the center -- How many galaxies? -- Neighboring galaxies -- How galaxies form -- Solving space mysteries -- Classes of galaxies
Identifiers: LCCN 2019045238 | ISBN 9781538260333 (library binding) | ISBN 9781538260319 (paperback) | ISBN 9781538260326 (6 Pack) | ISBN 9781538260340 (ebook)
Subjects: LCSH: Galaxies--Juvenile literature.
Classification: LCC QB857.3 .W55 2021 | DDC 523.1/12--dc23
LC record available at https://lccn.loc.gov/2019045238

First Edition

Published in 2021 by
Gareth Stevens Publishing
111 East 14th Street, Suite 349
New York, NY 10003

Translator: Alberto Jiménez
Editor, Spanish: Rossana Zúñiga
Designer: Sarah Liddell
Editor: Therese Shea

Photo credits: Cover, p. 1 (main) Triff/Shutterstock.com; background used throughout Zakharchuk/Shutterstock.com; p. 5 NASA images/Shutterstock.com; p. 7 Frokor/Wikimedia Commons; p. 9 structuresxx/Shutterstock.com; p. 11 sripfoto/Shutterstock.com; pp. 13 (both), 15 (irregular galaxy), 30 (lenticular galaxy) Tryphon/Wikimedia Commons; pp. 15 (elliptical galaxy), 30 (elliptical galaxy) Huntster/Wikimedia Commons; p. 15 (lenticular galaxy) QAI Publishing/Contributor/Universal Images Group/Getty Images; pp. 17, 19, 29 Vadim Sadovski/Shutterstock.com; p. 21 Mylkomeda/Wikimedia Commons; p. 23 WilliamKF/Wikimedia Commons; p. 25 Pine/Wikimedia Commons; p. 27 Zeimusu/Wikimedia Commons; p. 30 (spiral galaxy) Rotatebot/Wikimedia Commons; p. 30 (irregular galaxy) BesigedB~commonswiki/Wikimedia Commons.

Printed in the United States of America

CPSIA compliance information: Batch #CS20GS: For further information contact Gareth Stevens, New York, New York at 1-800-542-2595.

CONTENIDO

Las palabras del glosario se muestran en **negrita** la primera vez que aparecen en el texto.

¡NUESTRA GRAN GALAXIA!

Las películas de *La guerra de las galaxias* empiezan con la frase: "Hace mucho tiempo en una galaxia muy, muy lejana...", pero ¿qué es una galaxia? ¿Dónde estamos en nuestra galaxia? ¿Cómo se formó nuestra galaxia? Sigue leyendo para **explorar** la nuestra y otras galaxias.

SI QUIERES SABER MÁS

Hasta principios del siglo XX
no se supo que existían otras galaxias
aparte de la nuestra.

¿QUÉ ES UNA GALAXIA?

Una galaxia es un grupo de estrellas, **planetas**, gas, polvo y otros cuerpos celestes que viajan juntos por el espacio. Nuestro Sol es una estrella. Él y todos los demás cuerpos de nuestro sistema solar, incluida la Tierra, forman parte de la galaxia llamada la Vía Láctea.

SI QUIERES SABER MÁS

Un sistema solar está formado por una estrella y todo lo que la orbita o gira a su alrededor.

LA FABULOSA VÍA LÁCTEA

Nuestra galaxia, la Vía Láctea, debe su nombre a la formación de estrellas y nubes de gas que en el cielo nocturno parece una banda lechosa, blanquecina. De hecho, casi todas las estrellas visibles desde la Tierra, sin **telescopio,** pertenecen a la Vía Láctea.

SI QUIERES SABER MÁS

Esta foto muestra la banda “lechosa” que da nombre a nuestra galaxia.

Aunque casi todas las estrellas que vemos desde la Tierra forman parte de nuestra galaxia, es difícil saber cuántas existen. Los científicos estiman, o calculan, que en la Vía Láctea existen ¡alrededor de 100 **mil millones** de estrellas!

SI QUIERES SABER MÁS

Nuestro sistema solar gira alrededor del centro de la Vía Láctea. ¡Tarda más de 200 **millones** de años en completar una órbita!

FORMA DE LAS GALAXIAS

Los científicos clasifican las galaxias por su forma. Las **espirales** tienen "brazos" de gas, polvo y estrellas que salen en espiral desde el centro. La Vía Láctea es una galaxia espiral barrada, porque su centro está **estirado** hasta formar una barra, de cuyos extremos salen los brazos.

SI QUIERES SABER MÁS

El telescopio espacial Hubble
ha ayudado a los científicos a reunir fotos
de galaxias como estas.

GALAXIA ESPIRAL BARRADA

GALAXIA ESPIRAL

Las galaxias elípticas tienen forma de elipse, como un círculo un poco plano; no parecen un disco, como las galaxias espirales. Las **lenticulares** son aún más planas. Las galaxias irregulares no tienen ningún tipo de forma en particular.

SI QUIERES SABER MÁS

¡Las **colisiones** entre galaxias alteran sus formas!

EN EL CENTRO

En el centro de la Vía Láctea hay un inmenso agujero negro, un lugar con una fuerza de **gravedad** tan grande que absorbe cualquier objeto cercano, incluso la luz. Los agujeros negros son invisibles, pero se puede observar la atracción que ejercen sobre los cuerpos que los rodean.

SI QUIERES SABER MÁS

Nuestro Sol está a unos 27,000 **años luz** del centro de la galaxia.

¿CUÁNTAS GALAXIAS?

Así como es difícil saber cuántas estrellas hay en nuestra propia galaxia, es difícil saber cuántas galaxias hay en el **universo**. Algunos cientifícos piensan que podría haber alrededor de ¡100 mil millones de galaxias en total!

TELESCOPIO ESPACIAL HUBBLE

SI QUIERES SABER MÁS

El telescopio espacial Hubble observó un pequeño punto en el espacio durante 12 días... ¡y contó 10,000 galaxias!

GALAXIAS VECINAS

La galaxia más cercana a la Vía Láctea es la galaxia Enana del Can Mayor. Está a 25,000 años luz del Sol; por lo tanto, si una persona viajara desde el Sol hasta esta galaxia, a la velocidad de la luz, ¡necesitaría 25,000 años terrestres para llegar!

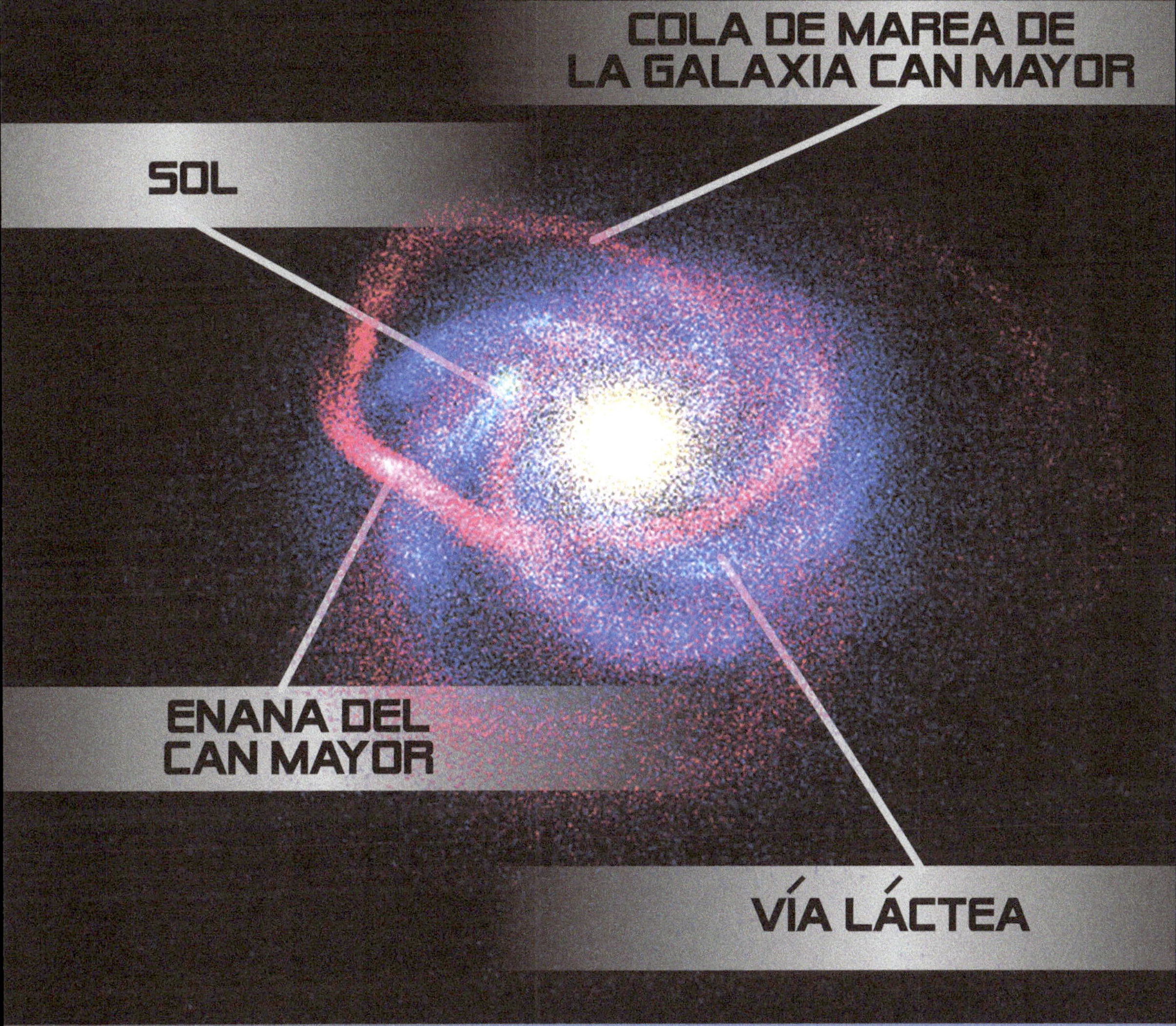

SI QUIERES SABER MÁS

La galaxia Enana del Can Mayor tiene colas de marea, corrientes de gas y estrellas que se envuelven alrededor de la Vía Láctea.

Otras galaxias cercanas son la Gran Nube de Magallanes y la Pequeña Nube de Magallanes. Los primeros **astrónomos** las descubrieron hace mucho, y deben su nombre al explorador Fernando de Magallanes, quien escribió sobre ellas durante sus viajes alrededor del mundo, en 1519.

SI QUIERES SABER MÁS

Se creía que este grupo de estrellas estaba en la Vía Láctea. Ahora, los cientifícos creen que está en la galaxia enana elíptica de Sagitario, otra galaxia vecina.

CÓMO SE FORMAN LAS GALAXIAS

Los científicos de la NASA creen que las galaxias comienzan como nubes de polvo y estrellas. La fuerza de la gravedad hace que estos objetos se junten, y a veces choquen, provocando la formación de estrellas y otros cuerpos espaciales que empiezan a orbitar el centro de la galaxia.

SI QUIERES SABER MÁS

Las grandes galaxias tardaron miles de milones de años en formarse.

Hoy en día, las galaxias se están reformando a medida que chocan con otras y dan lugar a la creación de galaxias aún mayores. La galaxia de Andrómeda se dirige hacia la Vía Láctea y es probable que choque con ella, pero eso no ocurrirá hasta dentro de miles de millones de años.

DOS GALAXIAS FUSIONÁNDOSE

SI QUIERES SABER MÁS

Los científicos piensan que la mayoría de las grandes galaxias son el resultado de la unión de galaxias más pequeñas.

RESOLVER MISTERIOS ESPACIALES

El telescopio espacial James Webb de la NASA estudiará las primeras galaxias y nos ayudará a entender cómo se formaron y crecieron. Esto llevará a más descubrimientos sobre nuestro universo. ¡Pero todavía quedan muchos misterios por descubrir en nuestra galaxia y más allá!

TELESCOPIO ESPACIAL JAMES WEBB

SI QUIERES SABER MÁS

La galaxia de la Vía Láctea tiene más de 13 mil millones de años. Los científicos lo dedujeron averiguando la edad de sus estrellas más antiguas.

CLASES DE GALAXIAS

ESPIRAL

ELÍPTICA

IRREGULAR

LENTICULAR

GLOSARIO

años luz: medida astronómica de longitud, equivalente a la distancia que recorre la luz en un año.

astrónomo: persona que estudia las estrellas, los planetas y otros cuerpos celestes.

colisión: choque de dos cuerpos.

espiral: curva que da vueltas.

estirar: alargar o extender algo jalando de sus extremos.

explorar: buscar para encontrar cosas nuevas.

gravedad: fuerza que atrae los objetos hacia el centro de un planeta, una estrella o un agujero negro.

lenticular: parecido en la forma a una lenteja.

mil millones: 1,000 millones; 1,000,000,000.

millón: mil millares; 1,000,000.

planeta: gran cuerpo esférico que gira alrededor de una estrella.

telescopio: instrumento que aumenta los objetos lejanos.

universo: conjunto de todo lo que existe en el cosmos.

PARA MÁS INFORMACIÓN

LIBROS

Hudak, Heather C. *Galaxies*. Minneapolis, MN: Checkerboard Library, 2017.

Rathburn, Betsy. *Galaxies*. Minneapolis, MN: Bellwether Media, Inc., 2019.

SITIOS DE INTERNET

Galaxy Facts for Kids
www.sciencekids.co.nz/sciencefacts/space/galaxies.html
Descubre muchos datos divertidos sobre las galaxias.

What Is a Galaxy?
spaceplace.nasa.gov/galaxy/en/
¡Lee lo que cuenta este sitio de la NASA y construye tu modelo!

Nota del editor para educadores y padres: nuestro personal especializado ha revisado cuidadosamente estos sitios de Internet para asegurarse de que son apropiados para los estudiantes. Muchos sitios de Internet cambian con frecuencia, por lo que no podemos garantizar que posteriores contenidos que se suban a esas páginas cumplan con nuestros estándares de calidad y valor educativo. Tengan presente que se debe supervisar cuidadosamente a los estudiantes siempre que tengan acceso al Internet.

ÍNDICE